AF702314

Buscando Su Esencia

en lo Esencial

Letty Vega

PRODUCTIONS

DEDICATORIA

A El, de El, y para El sea la gloria.

Mi más grande inspiración ha sido mi familia.

En ellos, y a traves de ellos, veo y siento lo esencial de la vida que es la presencia de Dios.

INDICE

Agradecimientos

Este libro lleva mis pensamientos. La mayoría del tiempo mis pensamientos son pláticas con Dios, oraciones por: necesidades, agradecimiento, alabanzas, o mis más profundos anhelos. Que quede claro que no dije deseos. Deseos tengo muchos pero suelen ser materialisticos. Pero mis anhelos......ah mis anhelos! Tienen propósito, trascienden generaciones, me empujan día a día a hacer cosas (como escribir un libro donde expongo mi corazón) sin yo realmente desearlo. Déjame explicártelo.

En mi vida me imagine escribir un libro.

Pero en mis oraciones le he dicho a Dios que me use para alcanzar a otros y poder hacerles sentir el amor de Dios a través de mi vida. Ese es uno de mis ANHELOS. Entonces Dios un día despierta una inquietud en mí y empiezo a escribir.

Otro de mis anhelos es ser siempre genuina; no una copia. Por eso es que cantar no es el único talento que Dios me dio. David era salmista pero también mataba gigantes. No canto por cantar. Canto por pasión, por amor, por gratitud, por fluir en Su presencia, etc. Quiero ser original y sencilla.

Y de esa forma, de la única forma que se ser, despertar en otros una relación con Dios. Donde lo puedas ver como tu Padre, tu mejor amigo, tu confidente, tu consolador, y mejor aun el amor de tu vida.

Vengo de una familia Cristiana formada por mi padre, mi madre, y 8 hijos de los cual yo soy la mas pequeña. Creo que la mejor lección que Dios me dio en mi vida entera fue precisamente por ser la menor. Crecí viendo hacia arriba pues no hubo más pequeño que yo. Nunca me sentí grande porque había 7 antes que llegara yo. Y para colmo aun siendo la mas chica, ni la consentida fui! Aun así, se que recibí la mejor porción!

Para cuando nací, mis padres ya habían "practicado" a ser padres con mis hermanos/as. No había suficientes recamaras en casa para 8 hijos, así que yo disfrute dormir con mis padres por mas tiempo mientras mis hermanos se peleaban por quien dormiría en cual lado de las camas. Mi padre fue muy serio y estricto con mis hermanos así es que ellos lo ablandaron para mi. Yo conocí lo serio, pero no lo estricto. Conocí sus besos en la frente y en mi mano cuando me dejaba en la escuela. Y aun más ternura veo cuando lo veo jugando con sus nietos, riéndose, y llenándolos de besos. Fue una transformación que empezó aun antes que yo naciera. No tuvo nada que ver conmigo pero yo recibí la bendición por ser la más pequeña.

Fui bendecida por pertenecer a una familia donde existe una capirotada de caracteres.

Donde he podido aprender de cada uno de mis hermanos y mis padres acerca de la vida. Ha habido de todo y no todo ha sido sonrisas, abrazos, y besos. Hemos compartido el dolor de la infidelidad, del divorcio, extrañamos juntos a los seres que ya partieron con el Señor, y nos gozamos con los éxitos uno de los otros. Nos reímos con los pleitos caseros que tuvimos en nuestra juventud cuando aun estábamos en casa de nuestros padres. Y todavía nos burlamos el uno del otro de vez en cuando, pero siempre con amor.

Así es que no somos perfectos. Seria aburrido ser perfectos y no nos hubiéramos divertido tanto.

Aprendimos a amarnos el uno al otro y no tratar de cambiar quien realmente somos. Cada quien es único.

Ahora que tengo a mi hijo, Jairo, se lo importante que es darle atención, dirección, y propósito a los hijos. Y la verdad no se como le hicieron mis padres con 8 hijos y con tan pocos recursos. Pero lo hicieron. Levantaron una generación bendecida que además de no ser perfectos siguen unidos por el amor. Y la Palabra de Dios dice que Dios es Amor. Eso ha sido y siempre será la fundación de nuestra familia ahora y por las generaciones que siguen.

Con mi familia aprendí a amar sin cambiar a las personas. Jesús es el que transforma.

Aprendí que el rencor enferma pero el perdón trae sanidad. Aprendí que Dios no tiene límites porque Sus bendiciones trascienden de generación a generación. Y lo más importante, aprendí que la esencia de la vida se encuentra en la Presencia de Dios.

No es tan importante tener lo material en la vida como tener lo esencial de la vida. Nuestros padres nos han dado en vida su herencia y ven el fruto de esa herencia en cada uno de sus hijos. El amor.

Un amor que ha formado nuevas familias fundadas sobre la Roca que Es Jesucristo.

Por esto y por muchas cosas más. Gracias Dios!

A mi esposo Juan José y mi hijo Jairo Jovan, los amo.

Son mi mejor regalo, mi mayor tesoro, y mi mas grande bendición.

Capitulo 1:

Fuego en el altar – El Propósito

Hay una canción que escribí recientemente, y cual fue el motivo de este libro, que dice: "no se apagara, el fuego en el altar, porque dentro de mi Tu presencia esta". Después de haber escrito esa canción, mi único propósito es impactar familias para que la llama de Su presencia este encendida en sus hogares.

Que la llama del amor, porque Dios es amor, arda en cada matrimonio, y aun entre padres y hijos. Que la llama del Espíritu Santo los guíe en todo momento, a toda verdad, y que vuelvan a creer en un

Dios vivo. Que puede sanar heridas, enfermos, y aun levantar a muertos. Muertos? Si. La mayoría de los matrimonios y las familias en estos días están muertos espiritualmente.

Existen matrimonios destruidos, donde a habido traición, pero mantienen la rutina de familia por los hijos. Existen matrimonios ilegítimos, donde a muchos ya no les importa hacer un pacto de matrimonio para seguir las leyes de Dios. También se reta a Dios crear matrimonios para tratar de establecer un nuevo reino en contra de Dios. Existen familias separadas, donde las familias pelean tanto por los familiares o terceras personas, que ya solo existe la discordia y no el amor, que es Dios.

Y luego existe la familia buena. Que Es tan buena, que no necesita de Dios. Y cuando alguien levanta el tema, dicen: nosotros no peleamos, no somos infieles el uno con el otro, le damos la mejor educación a nuestros hijos, y trabajamos para proveer por ellos. Que mas podría pedir Dios que hagamos?!"

Todo esto es muerte delante de Dios. Porque cuando El soplo aliento a nuestro cuerpo para darnos vida, encendió una llama de intimidad en nuestro ser. Una llama como cuando el esposo prepara la recamara con velas para su esposa. Una llama para poder darnos calor, una llama para quemar el pecado que existe en nosotros, para darnos luz como un faro que va delante dando dirección. Para no tener miedo de lo porvenir.

Es obvio que las primeras familias o matrimonios que definí, no llevan la vida perfecta. Pero a la familia "buena" le pregunto, "que legado o que impacto, le dejas a tus hijos después que ya no estés que no sea material?

Dejaste huella en sus manos donde la apretaste con la tuya para guiarlos? Encendiste la llama para que vieran que hay luz en medio de la obscuridad y vida después de la muerte? Les explicaste que no es suficiente ser "bueno" sino SALVO?

Muchos creen en Dios para pedir y rogar sin creer que Dios es y sigue siendo el mismo de ayer. El que hablaba directamente con David, el que sanaba enfermos como a Nahum, el que te guarda de lo porvenir como a Noe, y el que dio Su vida entera por amor a ti.

Hoy en día es tan fácil aceptar la enfermedad sin esperar un milagro. Es más fácil aceptar la derrota de un matrimonio que orar a un Dios que detiene el mundo entero por una oración tan sencilla como la de Josue para que se detuviera el sol. (Josue 10:13) Volvamos a creer. Enciende el fuego de tu altar.

Isaías 60

Capitulo 2:

Mujer Virtuosa

En mi primer disco **Dulce Melodía** hay una canción que escribí dedicada a mi madre **"Lupita Salinas"**, la cual se titula *Mujer Virtuosa*.

Escuche un día a mi pastor hablar acerca de la mujer virtuosa. En realidad ya había escuchado hablar de este tema, pero esta ocasión fue totalmente diferente, mi espíritu se quedó muy inquieto por saber más sobre esa mujer. Y fue así como Dios me inspiro para escribir la primera parte de esta canción.

"Un día escuche a alguien hablar de ella,

Mi corazón se inquietó, deseaba ser igual a ella,

Me pregunte que pudo hacerla tan virtuosa,

Quise volver el tiempo para poder conocerla...."

Así quedo esta parte de la canción por 5 o 6 años.

Un día en casa, papa anuncio que mi abuela (su mama) vendría a quedarse un tiempo con nosotros. Yo tenía un buen tiempo sin verla y cuando llego me encontré con la noticia de que mi abuela tenía Alzheimer's. No supe cuando empezó pero si sé que mi corazón se entristeció. Aunque ella platicaba y podía contestar, era triste porque no nos reconocía a nosotros sus nietos y tampoco a su hijo (mi papa).

Vinieron los días fríos y mi abuela se comportaba como si fuera una bebe. Se descobijaba, no tenía entendimiento del frío y no podía caminar. Mi padre le mando comprar una silla de ruedas y mi madre se dio a la tarea de mandarle hacer ropa especial que le cerraran de pie a cuello para que no pasara frío si se descobijaba.

Una mañana mientras mi madre cocinaba un almuerzo la aroma que llenaba la casa me despertó, y el Espíritu Santo susurro a mi oído y me dijo: ¿querías conocer a la mujer virtuosa? Mira lo que hace tu mama por su suegra. Cualquier nuera estaría pensando en aprovechar una situación así. Sin embargo, el tiempo que mi abuela estuvo en nuestra casa mi madre la cuido como si fuera una bebe, la cambiaba, le curaba sus llagas, la abrigaba, la sacaba al patio en su silla de ruedas, etc. Y ese día, escribí la última parte de esa canción:

"Un día desperté oliendo su fragancia,

La melodía de su voz yo escuche...

Y reconocí que esa mujer siempre estuvo frente a mí

Y comprendí que fue tan grande su amor hacia mí

Que dedico su vida por amor a mi..."

Dedico este capítulo y esta canción a mi madre, Lupita Salinas y también a mi suegra Cristina Vega, por haberme bendecido con un esposo en quien también veo los frutos de una MUJER VIRTUOSA.

Capitulo 3:

Comunicación Te Saca de la Tormenta

No hay nada como un viaje largo en auto para probar la paciencia entre un matrimonio. Y más aún cuando llevas a tu hijo de tan solo 3 años contigo. El esposo maneja mientras que la esposa se guía por un mapa o en mi caso un sistema de GPS.

Por más que creas que vas a disfrutar el viaje en familia casi siempre hay discusiones por cuestiones de manejo o direcciones.

En un día de verano en mayo del 2012 mi esposo y yo viajábamos rumbo a Killeen TX para visitar a mi hermana y justo antes de la ciudad de San Antonio el GPS que traía en mis manos me indica tomar una ruta diferente a la que normalmente habíamos tomado antes. Le comento esto a mi esposo y le digo: "puede ser que esta nueva ruta nos evite el tráfico del centro de la ciudad." Mi esposo me contesto: "Que piensas, ¿nos arriesgamos?" y justo cuando nos pusimos de acuerdo, embarcamos esta nueva ruta.

Tal y como lo habíamos predicho, el nuevo camino nos evitó el tráfico de la ciudad, pero no solo eso. De pronto nos vimos envueltos en nubes negras y la bella tarde de primavera se convirtió en la tormenta más fea que hemos visto! Por el camino que veníamos la lluvia estaba tan fuerte que no veíamos más allá que nuestro propio auto. Acababa de pasar un tornado, y a nosotros solo nos pegó la fuerte lluvia, pero a la distancia veíamos la ciudad de San Antonio obscura y peligrosa. Cuando la lluvia termino, algunas personas detenían sus autos solo para tomar fotos de la tormenta, que estaba sobre aquella ciudad. Seguimos rumbo a nuestro destino; y unas horas después volvió a brillar el sol.

El hecho de tener comunicación y tomar juntos como matrimonio una decisión tan sencilla como la de que ruta escoger durante un viaje, es tan importante como la que haces cuando: Buscan la mejor escuela para sus hijos, cuando deciden si dejan salir o no al chico/a, cuando deciden a qué hora deben regresar a casa, cuáles son los planes futuros? En que debemos invertir? Que metas hay personales, y familiares? Etc.

Aunque el nivel de importancia no se compara, pero aun en las cosas más simples Dios muestra su fidelidad hacia nosotros al enviarnos a Alguien mucho más importante para que nos guíe atreves de las tormentas. El Espíritu Santo es como el GPS que yo tenía en mis manos. Te habla y te guía sin embargo eres tu quien toma la última decisión.

Lamentablemente, he visto como hay matrimonios que solo usan o buscan el GPS cuando ya están perdidos. Es lo mismo con la oración, la Palabra, y el Espíritu Santo, todo está a nuestro alcance para avanzar, crecer, y no perdernos. La cuestión "**es usarlo**".

Capitulo 4:

Salmos 1:3

Será como árbol plantado junto a corrientes de aguas,

Que da su fruto en su tiempo,

Y su hoja no cae;

Y todo lo que hace, prosperará.

Mi madre, por amor a sus nietos mando arreglar un patio con cemento y se convirtió en una linda área para que los nietos jueguen. Lo malo es que se llena de tantas hojas que caen de los árboles. Ella siempre se queja de que no da abasto con tanta hoja. En cuanto barre las hojas ya están cayendo de nuevo.

También recuerdo a mi abuelo barriendo abajo de un árbol. Y casi siempre cuando llegábamos a su rancho lo hacía de nuevo. El rancho está localizado donde no hay una población cercana, así es que la mayoría del tiempo mis abuelos vivían solos el uno con el otro.

Había un mensaje acerca de las hojas que no comprendí hasta ahora. Mis abuelos al igual que mis padres ya estaban en edad avanzada. Mi mama fue hija única y ya se había casado y mudado a los E.U. De igual manera todos mis hermanos y yo ya estamos casados, con hijos propios, y fuera del hogar. Así es que mi padre y madre quedaron juntos como cuando estaban recién casados.

¿Ahora cómo se comunican? Pues casi siempre hablaban de los hijos o con los hijos, hacían cosas con y para los hijos. Y como madre, sé que TODO se hace por los hijos.

¿Pero, que paso con esa vela encendida de su recamara? Con esas llamadas de medio día para saber cómo están el uno o el otro? ¿A dónde desaparecieron las invitaciones a salir? Y Aun más profunda la pregunta, ¿dónde quedo el amor?

El amor esta en cada hoja. El amor esta en cada hijo(a), en cada situación difícil de familia, en cada enfermedad, en cada problema que enfrentaron como familia o matrimonio.

Los años que se ocuparon por atender a sus hijos (se cae una hoja), el tiempo que fueron una familia y se opacó la luz del matrimonio (se cae otra hoja), los problemas de hijos que brindaron diferencias entre ellos (se caen varias hojas), y después de que casi el árbol queda seco........ quedaron solos.

Pero es importante recoger las hojas. Aunque cada mañana vuelvan a caer. ¿Qué tanto amas a tu familia o tu matrimonio para cultivarlo como si fueron un árbol? Un árbol se tarda en crecer, necesita cuidado y atención. Pero hay que recordar que un árbol suelta sus hojas para dar vida a hojas nuevas.

Cuando tú levantas las hojas del árbol familiar das espacio para que cosas nuevas sucedan. Así como el árbol, tu familia tiene el potencial para dar aliento a esta Tierra.

Capitulo 5:

La Unción de Martha y María. 1a Tim 3:4

"No puede haber un reino sin leyes y principios. Traen justicia, soberanía, amor, fidelidad, compasión, y poder." Dr. Ender Varas

No hace mucho tiempo visito nuestra iglesia el pastor y psicólogo Ender Vargas. El y su esposa tienen un excelente ministerio de consejería. Esta vez, el Dr. Ender empezó con una enseñanza acerca de la familia titulada: *el Reino de Dios Manifestado en la Familia.* Me gustaría compartir algo de lo que el enseño esa mañana.

El día que compartió con nosotros El Dr. Ender Vargas hablo sobre el matrimonio, explico como la mujer puede ser gobernada cuando recibe amor.

"La mujer es fácil de gobernar con justicia y amor. Y si no existiera el amor entonces se vuelve en algo tirano. Matrimonio es formado por tres: esposo, esposa, y Jesús ya que El es la columna vertebral de la familia. Por eso se dice que un cordón de tres dobleces es duro de romper. Muchos quieren los beneficios pero no las leyes del Reino. Desafías al Rey. Donde más debo de manifestar el Reino es en mi familia. Las palabras y los hechos tienen esencia dentro de la familia."

Lucas 10:38

Aconteció que yendo de camino, entró en una aldea; y una mujer llamada Marta le recibió en su casa. Esta tenía una hermana que se llamaba María, la cual, sentándose a los pies de Jesús, oía su palabra. Pero Marta se preocupaba con muchos quehaceres, y acercándose, dijo: Señor, ¿no te da cuidado que mi hermana me deje servir sola? Dile, pues, que me ayude. Respondiendo Jesús, le dijo: Marta, Marta, afanada y turbada estás con muchas cosas. Pero sólo una cosa es necesaria; y María ha escogido la buena parte, la cual no le será quitada.

"El Reino es manifestado en la familia allí existe un gobierno, tiene leyes, principios, y poder. En el caso de Martha y María, la que estaba gobernando o queriendo gobernar era Martha. Martha era la ordenada y perfeccionista por lo tanto no tenía tiempo para adorar y al ver a María hacerlo, habiendo tanto que hacer, le pareció una falta de respeto. Pero Jesús le Dijo: Martha, afanada y turbada estás con muchas cosas. Pero sólo una cosa es necesaria; y María ha escogido la buena parte, la cual no le será quitada."

Yo tengo mucho de María, casi todos los días me siento a tocar el piano y encontrar esos momentos de adoración. Pero cuando escuche esta enseñanza, entendí que tiene que ver un balance ministerial. *Aunque María había escogido la mejor parte, no necesariamente significa que ella gano la pelea, o que solo ella estaba en lo correcto. María también fue egoísta y desconsiderada por no atender lo terrenal.*

Gracias a Dios tengo un esposo maravilloso a mi lado. Claro, no somos perfectos, pero si hay algo que aprendimos durante la consejería prematrimonial fue que la comunicación y la negociación son claves para el matrimonio.

Se dice: polos opuestos se atraen. Pues así somos mi esposo y yo. Él es introvertido y yo extrovertida. Él es perfeccionista, yo no tanto. Yo soy impulsiva, el medita todo. A él le gusta estar detrás del escenario y a mí en el centro. Somos completamente diferentes. ¿Que nos unió? El amor, un pacto, y la misma visión.

A mi esposo, por ser perfeccionista, le gusta tener la casa impecable y aunque a mí me encanta tenerla limpia también, de igual manera quisiera que alguien lo hiciera por mí! =) El tiene mucho del carácter de Maria.

Volvemos a la enseñanza del Dr. Ender.....

Pero algo paso cuando Jesús resucito a Lázaro.

Juan 11:20-27 *Entonces Marta, cuando oyó que Jesús venía, salió a encontrarle; pero María se quedó en casa. Y Marta dijo a Jesús: Señor, si hubieses estado aquí, mi hermano no habría muerto. Más también sé ahora que todo lo que pidas a Dios, El te lo dará. Jesús le dijo: Tu hermano resucitará. Martha le dijo: Yo sé que resucitará en la resurrección, en el día postrero. Le dijo Jesús: Yo soy la resurrección y la vida; el que cree en mí, aunque esté muerto, vivirá. Y todo aquel que vive y cree en mí, no morirá eternamente. ¿Crees esto? Le dijo: Sí, Señor; yo he creído que tú eres el Cristo, el Hijo de Dios, que has venido al mundo.*

Los papeles se reinvirtieron.

"María **ATENDIÓ** su casa y Martha **BUSCO** a Jesús. No solo hubo un encuentro con Jesús para Martha, y un abrir de ojos para María, sino que a causa de que se comprometieron a **negociar** lo que cada una necesitaba de la otra, entonces, y SOLO ENTONCES, personas que les rodeaban, creyeron en Jesús."

Juan 11:45 *Entonces muchos de los judíos que habían venido para acompañar a María, y vieron lo que hizo Jesús, creyeron en él.*

Así como yo suelo estar en las nubes cuando empiezo a adorar, hay momentos en que necesito que mi esposo este abordo de esa misma nube conmigo. Y hay momentos en que mi esposo necesita bajarme de la nube para mantener lo físico y material en orden también. No puede haber gloria donde no hay orden. Nos necesitamos uno a otro y necesitamos lo que cada uno posee para mejorar al otro. Y cuando exista ese balance en un matrimonio, otros lo notaran. (*y creerán*)

El gobierno por el esposo tiene que ser lleno de amor y respeto. La palabra dice que: *todo Reino dividido contra sí mismo es asolado; y una casa dividida contra sí misma, cae. Y es necesario que el hombre gobierne bien su casa, que tenga a sus hijos en sujeción, con toda honestidad, pues el que no sabe gobernar su propia casa, ¿cómo cuidará de la iglesia de Dios?*

Comprendí, que no puedo pasarme todo el tiempo en la nube como María. Si, aun paso mis momentos donde enciendo cada día el fuego en el altar para buscar la presencia de Dios. Son y siguen siendo vitales para mí. Pero también mis ojos se abrieron para reconocer que necesito tener dentro de mí una doble unción.

La unción de Martha y María.

Capitulo 6:

Fundados Sobre la Roca

Y si alguien puede prevalecer contra el que está solo, dos lo resistirán. Un cordón de tres dobleces no se rompe fácilmente.

Eclesiastés 4:12

Conocemos a Criselda y Joel desde hace mucho tiempo. Forman un lindo matrimonio desde hace casi 7 años y han venido a formar parte de nuestra familia. Ya he hablado de polos opuestos en otro capitulo y en este matrimonio se vuelve a manifestar ese caso. Joel, introvertido, y Criselda extrovertida. Pero los unió Dios.

Cuando yo los conocí, Joel tenia un corazón herido por la muerte de su padre y aunque sabia que nosotros servíamos al señor, no quería escuchar y no deseaba que le habláramos de Dios. Aun así, siempre fueron una pareja muy alegre y siempre han traído una sonrisa a nuestras vidas con sus anécdotas.

Recuerdo que Criselda nos hacia reír cuando contaba que recién casados Joel la despertaba cantando con un programa al que el estaba acostumbrado a ver todas las mañanas. Que Joel la impuso a tomar siestas durante el día cuando ella no conocía de "siestas". Que ella intento lavar y cocinar, pero que Joel no la quería dejar tocar su ropa y de cocinar sabía muy poco.

Una vez les ofrecí enchiladas, y cuando llegaron a su casa habían llegado los padres de Cris y ella orgullosamente les sirvió enchiladas para cenar. Su papa se agrado de como su hija cocinaba y ella no le dijo que no fue ella la que cocino las enchiladas.

Mientras tanto Joel le hacia miradas de asombro para que confesara, pero Criselda guardo silencio, y Joel también. Creo que fue cómplice por amor.

En el mes de Julio del 2012, nuestros amigos despidieron a su niño de 4 años que partió a estar con el Señor. Joelito nació, y a la corta edad de 4 años y medio falleció. La noticia quebranto mi corazón y mi esposo y yo empezamos a interceder por nuestros amigos. Visitamos su casa y ofrecimos una oración junto a sus familiares. Realmente, no hay palabras que sanen heridas tan profundas, solo el amor de Dios.

El día del funeral, como era de esperarse se lleno el lugar y cuando termino el servicio fúnebre, Joel pasó para dar unas palabras acerca de su hijo.

Empezó ha hablar y todos callaron. Creo que callaron hasta sus pensamientos por tal de escucharlo hablar. Esperaban escuchar dolor, llorar con el, sentir su lamento, y ver su derrota.

(Se dice que cuando un hijo pierde sus padres es huérfano. Si una mujer pierde su esposo se convierte en viuda, Pero que cuando un padre pierde su hijo, no existe una palabra para definirlo porque es indescriptible.)

Pero sus palabras fueron otras. Definió la vida de su hijo como una victoria. Le dio la honra a un Dios que ofrece vida en lugar de darle honor a la muerte que tan presente estaba. Entrego a su hijo con la misma aceptación que tuvo Abraham cuando Dios le pidió a Isaac. Esa noche Joel y Criselda entregaron su mayor tesoro como ofrenda delante de Dios. Dios escribió cada una de sus lágrimas en su libro para dar vuelta a esa página y escribir la nueva historia de Criselda y Joel. Una vida en Cristo.

Antes del fallecimiento de Joelito, su padre Joel atendió un retiro de su iglesia, y acepto que necesitaba a Jesús. En dos años Joel busco de Dios íntimamente porque Joelito lo inspiro a ser mejor. Joel dijo en sus mismas palabras: "Joelito cumplió su misión."

Hay muchas personas que conocen quien es Dios y lo que representa (La Biblia dice que hasta los demonios lo conocen y tiemblan), pero no todos buscan un encuentro con Dios, de tal forma que seamos transformados.

El día de hoy, ellos están mas unidos que nunca y disfrutando de su nueva vida. Una vida en Cristo. Cada vez que los visitamos para darles animo, los que salimos animados por ver su fortaleza y paz somos nosotros. Quiero terminar este capitulo con algo que me dijo Criselda esta semana que la visite.

"Se dice que cuando un hijo pierde sus padres es huérfano. Si una mujer pierde su esposo se convierte en viuda, y para cuando Dios se lleva a tu hijo, Dios creo el MATRIMONIO."

"y cayó la lluvia, vinieron los torrentes, soplaron los vientos y azotaron aquella casa; pero no se cayó, porque había sido fundada sobre la roca."

Mateo 7:25

Capitulo 7:

Ministerio de Alabanza y Adoración

He pasado por varios grupos de Alabanza y también he tenido la oportunidad de conocer de cerca a salmistas reconocidos. Lamentablemente he sido decepcionada porque el motivo principal de agradar a Dios a veces no se refleja. Los salmistas buscan la fama personal, olvidándose de sus familias y a veces perdiéndolas "por causa del servicio a Dios". Se olvidan de que nuestro ministerio principal empieza en nuestro hogar. Hay que empezar por uno mismo para impactar la familia. La familia debe ser transformada para alcanzar una ciudad, y la ciudad debe ser revolucionada para impactar las naciones.

Hay muchos temas de los que se podría hablar, pero uno que vi con mucha frecuencia fue la falta de identidad. Muchas veces el o la director/a de Alabanza trata de escoger las canciones que al pastor le gustan. Buscan su aprobación para orgullo propio y al mismo tiempo para asegurar su posición. Si al pastor le gustan las canciones, no me quita mi lugar.

Hay un sentir de que es necesario el estar siempre arriba del altar (donde todos me ven). Y si algún día no puede estar el directora de alabanza, los pastores se frustran, la iglesia resiente, y el director se siente satisfecho porque ahora el pastor y tooooodddddaa la iglesia reconocen que lo necesitan.

En realidad, un buen director es y hace todo lo contrario. Este se enfoca en pasar tiempo de intimidad en la presencia de Dios. Así cuando le toque ministrar, ya esta preparado espiritualmente. El Espíritu Santo guiara cada canción para agrado del Padre y Su deleite. Las cosas sobrenaturales empezaran a fluir porque El que lleva el control es El Espíritu Santo y no el director.

El anhelo del director será cumplir el propósito del Padre y la manifestación de Su poder y Gloria será más que suficiente recompensa. El agrado del pastor se vuelve más en dirección espiritual, consejeria, y manejo del grupo de Alabanza.

En muchas ocasiones, un director de alabanza casi siempre anhela tener un ministerio de salmista y viajar por todo el mundo. Hay que tener cuidado con eso. Lo primero que tienes que hacer es pedir dirección al Padre. Quizás Dios te equipo especialmente para dirigir ese pueblo al que diriges. Quizás Dios tiene marcado tu destino allí. Nunca te sientas menos que un salmista solo porque viene de otra ciudad o porque hace las cosas un poco diferentes. El salmista ministra a través de un testimonio o cantos mientras que el director alaba y adora con cánticos de alabanza y adoración.

Sabes que es mas difícil dirigir como director de Alabanza a ser salmista? Un salmista puede cantar las mismas seis canciones y dar el mismo testimonio por 365 días del año y en cada país que se presente mientras que un director tiene que prepararse con nuevos cantos para cada servicio y no repetir las mismas palabras que el último servicio. Salmista o director, siempre hay que buscar esa frescura de palabra ungida para cada vez que ministremos.

Un buen salmista o director de alabanza busca momentos de intimidad para obtener dirección, visión, y unción. No hay escusa para no adorar.

Que no te gusta la voz del cantante? Te gusta mejor cuando dirige fulano? Que el que esta dirigiendo no vive una vida "Santa" o tiene un resumen de vida que no te agrada? No te gusta como se viste o simplemente con quien se junta? Sea cual sea la escusa no esta justificada.

Cuando decidí aceptar el llamado comprendí que uno de mis temores era la cantidad de ojos que estarían sobre mí, sobre mi vida, mi estilo de vestir, mi modo de hablar, etc. Hasta que un día me acorde de la historia del Profeta Balaam. (Números 22:21)

El Profeta intento hacer su voluntad y no la que Dios le direccionaba. Entonces Dios usa un asno para llamarle la atención a Balaam y salvar su vida. Queda claro decir que Dios puede usar a quien El quiera, cuando quiera, y como quiera. Así es que acepte que nunca seré lo que la gente necesita para agradar o aceptar. Solo me toca realizar el propósito con El que Dios me quiere usar sin desviarme a izquierda o derecha en mi propio sentir, y sin sentirme menos o mas que otros porque Dios levanta y usa a quien necesita en el momento preciso para alcanzar a sus hijos. Somos tan preciados delante de Sus ojos que no le importaría usar a un asno si fuera necesario por tal de llamarte la atención.

Capitulo 8:

Mi Llamado

Desde el año 2012 el Señor ha estado hablándome, sacudiendo mis pensamientos, y quebrantando mi corazón mas que nunca.

Dice la Palabra "Fui *puesto a tu cuidado desde antes de nacer; desde el vientre de mi madre mi Dios eres tú." (Salmos 22:10 NIV)*

Aun antes de hacer mi confesión de salvación, yo estaba en un pulpito sirviendo. Hasta que un día el Señor me toco y desde 1998 decidí entregarle mi vida a El. Dios puede usar a quien El quiera para sus propósitos. Salvo o no cualquiera puede tomar una "posición". Eso es solo un titulo. Pero yo deseaba más que una posición, más que un titulo y no quería hacer una decisión sin convicción.

Desde 1998 hasta 2013 serví cantando en mi congregación mientras llevaba acabo mi diario vivir. Recibía comentarios lindos acerca del talento que Dios me dio, palabras proféticas, y siempre me decían que debería grabar un disco etc.

Ese proyecto, mi primer proyecto, nació en diciembre 2011, pero aun deseaba más. Seguí sirviendo en mi iglesia y ministrando al mismo tiempo mientras preguntaba en mi espíritu, "que quieres hacer conmigo? Que quieres de mi?" Y no siempre recibí respuesta.

Había tiempos donde trataba de esconderme en la rutina diaria para tratar de llevar una vida normal y normal me refería al 90% de la congregación que asisten a la iglesia sin servir y solo una vez a la semana. Pero Dios me encontraba, me extendía Su mano, yo la aceptaba, y El me sacaba del anonimato de nuevo. Era mas fuerte mi amor por Su presencia que vez tras vez aceptaba Su invitación.

En el 2013 escuche Su voz decirme: "es tiempo de dejar de ser Cristianos para ser mas como Cristo." Me refiero a una relación personal no a una religión. Cosas que no tenían explicación en el mundo natural Dios me daba palabras para entender que no necesitaba entender, sino aceptar. Aceptar Su voluntad y confiar. Confiar en El incondicionalmente. Porque confiar? Porque no entendía situaciones que me confundían. Como ministros que tenían familias destrozadas, el porque existe la muerte, el dolor, enfermedades, infidelidad, celos, envidia etc.

Y aun existe mucho mas fuera de la iglesia...... así es.

No se supone que la iglesia esta para sanar, restaurar, bendecir, y salvar?

Yo todo cuestionaba como aquel que pregunto diciendo: Rabbí, ¿quién pecó, éste ó sus padres, para que naciese ciego? No necesitaba cuestionar a Dios. Solo acepte Su respuesta para todo lo que me inquietaba.

3 Respondió Jesús: Ni éste pecó, ni sus padres: más para que las obras de Dios se manifiesten en él.

Por más teólogos que seamos jamás seremos más sabios que Aquel que nos creo. Solo se que Su palabra me dice que El es mi dulce refugio, que el bien y la misericordia me siguen todos los días, y que todas las cosas obran para mi bien.

Entre mas tiempo pasaba con Dios mas veía las cosas como las ve El. Ahora veo que Dios tiene el poder para transformar la traición, el dolor, la enfermedad y todas esas cosas en gloria. Solo necesitaba esperar en El. Solo necesitaba confiar en El. Y por fin me respondió.

"Aviva el fuego que hay en ti." Solo teniendo una relación personal con El comprendo cada situación de una forma diferente. Es inevitable tener obstáculos dentro de la familia, dentro del matrimonio, entre amistades, entre familiares, o en el trabajo. Sin embargo, hay una forma con la que tú puedes salir victorioso en toda circunstancia.

Mi propósito es solo encender una llama para que el fuego del Espíritu Santo sea encendido dentro de ti y que tanto tu como tu familia puedan sobrellevar cada situación de la vida con El de tu mano.

No necesitas cambiar, el te transformara. No necesitas convertirte en un religioso para que todos crean en la genuidad de tu conversión. Solo necesitas hacer una decisión: Aceptar a Jesucristo como tu Salvador. El se encargara de lo demás. Tu cambio será tu mayor testimonio porque no necesitaras gritarlo en la plaza, cargar una cruz en tu coche o tu Biblia bajo tu brazo para que te crean. Es como cuando te da la gripe. Con los puros síntomas se dan cuenta que tu traes algo dentro de ti.

Y de igual manera los contagiaras porque van a querer de lo mismo que te ayudo a ti. La Salvación de Jesucristo.

Mi llamado es sencillo: Decirte lo que me hace vivir día a día feliz, lo que me hace ver la mano de Dios en circunstancias, y entender que aun las cosas que no parecen buenas en su momento, son plan de Dios para la familia. Lo que Dios quiere impactar para hacer la diferencia en este mundo es precisamente la familia.

Empieza hoy a cambiar tu mundo transformando tu familia a una familia en Cristo. No te arrepentirás!

Busca Su Esencia en lo Esencial.

Made in the USA
Monee, IL
10 September 2026

62770612R00039